LA DUNCIADE,

OU LA GUERRE DES SOTS;

POËME. *par Charles Palissot*

A CHELSEA,

1764.

PREFACE.

ON sait que l'illustre POPE a donné à l'*Angleterre* un poëme immortel, connu sous le nom de la *Dunciade*. Le modèle de ce poëme n'existait chez aucune nation. Un mélange singulier de peintures hardies, bisarres quelquefois, mais décelant toujours le grand maître; toutes les richesses de l'invention; les finesses de la raillerie accompagnées d'une gaité continue; le sel piquant des bons mots; celui de la naïveté; souvent même les principes du goût le plus délicat, forment, à peu près, le caractère de ce poëme original, dont nous n'avons aucune traduction digne d'être lue.

La *France*, moins riche que d'autres nations, dans le genre de l'Epopée, quoiqu'un seul de ses poëtes ait fourni la double carrière du Tasse & de l'Arioste; la *France*, dis-je, où la gaité est si bien accueillie, sembloit naturellement devoir s'approprier ce poëme, où tout respire l'enjoûment. Mais il faut convenir aussi qu'il règne dans cet ouvrage, un certain goût de terroir (si on peut hasarder ce mot) qui a dû décourager quiconque n'aurait eu l'intention que de la traduire Les traits y paraissent souvent trop recherchés,

chés, les peintures trop fortes, les plaisanteries trop amères. Enfin, par une licence *Anglaise*, dont on trouverait aujourd'hui, parmi nous, plus d'un exemple, la satyre y frappe jusques sur les mœurs. Le Gouvernement, qui doit être étranger à toutes les disputes littéraires, & en recueillir les fruits, n'eut pas à se louer des ménagemens de l'auteur, qui paraît, d'ailleurs, s'être un peu trop appésanti sur les détails de ses querelles particulières. Ce sont là sans doute les raisons qui ont dû faire perdre l'idée de transporter dans notre langue les beautés de l'ouvrage *Anglais*.

On s'est proposé d'atteindre, s'il était possible, au caractère de ce poëme singulier, sans dérober les idées du poëte. On a tâché de donner la *Dunciade* sous la forme qui pouvait plaire en *France*, & à laquelle on a cru vraisemblable que POPE lui-même se fût assujetti, s'il eût écrit pour nous. C'est ainsi que l'on devait imiter un ouvrage dont presque toutes les beautés sont purement locales, mais dont l'idée générale est charmante. L'ordonnance du poëme *François*, les fictions, le merveilleux, sans lequel il n'est pas de poësie, appartiennent donc uniquement au nouvel Auteur. Il n'a emprunté de son modèle, que très-peu

PRÉFACE.

peu de vers; encore a-t-il eu l'attention de les noter; mais c'est devoir beaucoup au poëte *Anglais* que de tenir de lui le genre même dont il fut l'inventeur.

LA *Dunciade*, lorsqu'elle parut, fut l'époque d'une révolution dont les suites le font encore sentir en *Angleterre*. On sait combien la gloire des nations est liée à celle d'un petit nombre de citoyens qui les rendent respectables par leurs travaux. Les noms, aujourd'hui obscurs, des DENNIS, des PHILIPS, des CIBBER, des THEOBALD, des NORTON, ayant été livrés, dans ce poëme, au ridicule qu'ils méritaient, la justice que l'on devait à leurs célèbres adversaires fut plus prompte. Les grands hommes furent consolés; les suffrages du peuple, encore partagés, se réunirent; on ne prononça plus sans respect les noms des Dryden, des Adisson, des Swift, de Pope lui-même; & le génie fut vengé.

On ose croire qu'un ouvrage de ce genre était devenu plus nécessaire encore à *Paris*, qu'il ne le fut à *Londres* (1). On ne peut

---

(1) Ceux qui n'en croiraient pas l'auteur, en croiront peut-être M. de Voltaire. Ce passage remarquable s'est présenté comme on finissait cette Préface. ,, Il n'y a plus, dit-il, ,, d'autre moyen de rendre les Lettres respec- ,, tables, que de faire trembler ceux qui les ,, ou-

PRÉFACE.

peut se dissimuler que la barbarie ne commence à se reproduire. Jamais le savoir ne fut plus rare, & la maladie d'écrire & de décider plus commune. Il était tems, sans doute, de réprimer l'orgueil de cette foule d'écrivains, par qui la considération de la *France* diminue sensiblement chez l'étranger. La plu-

„ outragent : c'est le dernier parti que prit Po-
„ PE avant de mourir : il rendit ridicules à ja-
„ mais, dans sa *Dunciade*, tous ceux qui de-
„ vaient l'être; ils n'osèrent plus se montrer,
„ ils disparurent. Toute la nation lui applau-
„ dit : car si, dans les commencemens, la ma-
„ lignité donna un peu de vogue à ces lâches
„ ennemis de POPE, de SWIFT, & de leurs
„ amis, la raison prit bientôt le dessus......
„ Le vrai talent des vers est une arme qu'il
„ faut employer à venger le genre humain,
„ &c."

plupart, s'érigeant d'eux-mêmes en législateurs, semblent ne s'attacher qu'à flétrir cette partie de la gloire nationale qu'aucune révolution n'avait encore altérée. Les noms célèbres des Montesquieu, des Voltaire, des Buffon, &c., paraissent ne devoir plus être exposés au caprice de quelques plumes vénales. S'il est juste & raisonnable que le Gouvernement tolère tous les écrits qui ne peuvent blesser, ni son économie, ni sa religion, ni les mœurs, il n'est pas indifférent à l'honneur des Lettres, que le bon goût reste sans vengeur. L'impunité légale dont jouissent les ennemis des grands hommes, ne ne s'étend pas jusqu'à les mettre à l'abri du ridicule.

CE fut en se rendant redoutable à ces perturbateurs des arts, que BOILEAU fut véritablement utile à sa patrie. Il consola RACINE prêt à se décourager. De son tems, on se permettait encore d'écrire que le rival d'EURIPIDE n'était qu'un *caprice de mode, que l'on verrait passer comme l'usage du caffé.* Hé! qui décidait ainsi sur le plus beau génie qu'ait eu la *France?* Une femme du monde (2) respectée, donnant le ton, & recommendable en tout, si elle se fût abste-

(2) Madame de SEVIGNE.

stenue de juger ce qu'elle ne devait qu'admirer. Dans le même tems, Madame DESHOULIERES, dangereuse par le crédit que ses talens, apparens ou réels, donnaient à ses décisions, tenait à peu près le même langage. Elle faisait, en faveur de la PHEDRE de PRADON, de mauvais sonnets, mais qui avaient alors d'autant plus de vogue, que l'envie est plus empressée à humilier un grand homme. Le bel esprit S. EVREMONT avait introduit cette façon de penser si défavorable à RACINE, sous prétexte de l'admiration exclusive qu'il avait vouée à CORNEILLE: comme si l'on ne pouvait élever un homme célèbre,

qu'au

PRÉFACE.

qu'au préjudice de son concurrent. Assurément l'ennemi de RACINE n'était pas digne d'admirer CORNEILLE.

BOILEAU fut obligé de commencer par d'étruire L'usage courageux qu'il fit des traits du ridicule sauva le goût de la nation, incertaine encore de ce qu'elle devait applaudir, & flottant entre le génie & la médiocrité. L'*Académie Française* avait perdu de sa gloire par des choix indignes d'elle. CHAPELAIN, l'oracle de M. COLBERT & de la maison de LONGUEVILLE; PERRAULT, chargé du rôle des pensions; COTIN, tant admiré à l'hôtel de RAMBOUILLET;

LET; PRADON soutenu par une cabale puissante; une foule d'écrivains pareils, dont les noms sont presque oubliés, mais qui faisaient alors le grand nombre, menaçaient la littérature naissante d'une décadence qui semblait inévitable. BOILEAU se dévoua pour l'intérêt des arts, & fixa la gloire de la nation.

ON sait qu'il s'est élevé de nos jours un parti contre la réputation de cet homme célèbre, & sur tout contre le genre satyrique. Quelques uns de ceux qui s'appellent gens de lettres, & qui en sont les plus dangereux ennemis; qui proscrivent la satyre, & qui font des libelles, relèvent,

PRÉFACE. 15

vent, avec une exagération maligne, ces divisions indispensables, par lesquelles se soutient la démocratie littéraire, & qui font le ressort nécessaire de l'émulation. Ces messieurs voudraient qu'une *douce aménité* (3), rapprochant tous les esprits, fît cesser pour jamais le scandale de ces querelles. On ne doute pas qu'ils n'aient leurs raisons pour penser ainsi, & pour redire, avec

---

(3) C'est par allusion à ces propos douce-reux, qu'un poëte a dit de nos jours :

Hé ! qui ne sçait que cette aménité
Est le détour de la stupidité,
Qui, ne pouvant monter jusqu'au sublime,
Veut jusqu'à soi baisser la double cime ;
Et qui prétend, sur un *Pinde* nouveau,
Mettre la gloire & la honte au niveau ?

vec une affectation de sentiment devenue fort à la mode, ce que disaient autrefois les Cotins & les Pradons, Mais il faut leur répondre, qu'il n'est pas de traité entre le bon & le mauvais goût. Il faut leur rappeller, à propos du grand poëte qu'ils outragent, cette anecdote infamante pour eux, mais honorable pour les lettres, dont on paraît trop négliger le souvenir. LOUIS XIV, dans le privilége qui fut expédié à Boileau, pour le débit de ses ouvrages, commanda que l'on fît mention du *singulier plaisir* (ce sont les termes) *qu'il avait éprouvé en les lisant*. Que devinrent alors ces recueils d'injures accumulées

con-

contre un grand homme? ces inimitiés qui semblaient ne devoir jamais finir? ces accusations vagues de noirceur, de méchanceté, si prodiguées par des ames noires & méchantes? La vie de Boileau citoyen, servit d'apologie à la conduite du poëte. Son désintéressement, sa probité, ses mœurs, produisirent enfin l'effet lent, mais sûr, que produit toujours l'honnêteté sur les ames justes. Il eut l'honneur d'avoir pour amis les Conde, les La Rochefoucaut, les Marsillac, les Vivonne, les Lamoignon, les Daguesseau: & Montausier, prévenu, finit par l'estimer.

Quelque réservé qu'ait été Boileau dans ses satyres, on se flatte d'avoir porté la circonspection plus loin encore que lui. On ne trouvera point dans la *Dunciade*:

J'appelle un chat un chat, & ROLET un fripon.

On n'y verra l'infortune de personne outragée, comme dans ces vers :

Tandis que COLLETET, crotté jusqu'à l'échine,
S'en va chercher son pain de cuisine en cuisine.

On ne s'est permis que de la gaîté. On a tâché à cet égard d'emprunter une maniere différente de celle de Boileau lui-même, dont le caractère sembloit avoir un peu plus de penchant

PRÉFACE.

chant à la sévérité qu'à l'enjoûment. Mais cette gaîté que l'on s'est permise, ne tombe que sur les travers de l'esprit, jamais sur les mœurs.

L'AUTEUR a veillé sur lui-même avec d'autant plus d'attention, qu'il a été longtems exposé à tout ce que la calomnie & la haine pouvaient imaginer de plus atroce, mais heureusement de plus absurde. Il a été poursuivi jusques dans sa retraite, par des lettres anonymes, non moins odieuses que ces libelles; &, parmi les écrivains qu'il a joués dans la *Dunciade*, à peine en est-il qui ne se soient rendus coupables envers lui de pareilles indécences. On verra cependant que l'humeur ne perce nulle part dans son poëme; & c'est en quoi, sur-tout, il s'est écarté avec le plus de soin de son modèle. Peut-être les injures qu'il avait reçues semblaient-elles l'autoriser à se donner plus de liberté; mais son caractère, que ses ennemis n'ont pas encore rendu sombre, s'y est opposé. Il s'est cru le droit de rire, & non celui d'user de représailles.

IL se flatte que les connaisseurs délicats jugeront, à la lecture de son poëme, & au ton de plaisanterie qui y règne, que ce sentiment vif & prompt, qui rerévolte tout amateur à la vue des sottises applaudies, a eu plus de part à son ouvrage, que ses ressentimens personnels. C'est un avantage qu'il ose encore réclamer sur le poëte *Anglais*. Il a désiré que la *Dunciade* fut utile, & que le ridicule, si puissant en *France*, pût servir de nouveau à la gloire des lettres.

On demande en quoi la satyre permise differe du libelle ? Il faut de l'audace pour affecter de les confondre ; & ce serait outrager ceux à qui l'on pourrait se plaindre, que de les supposer capables d'une méprise sur un objet de cette nature.

Le-

LE Gouvernement exige de tout citoyen des mœurs & de la probité. Il doit, par conséquent, protéger quiconque est attaqué sous l'un & l'autre de ces rapports. Les loix seules ont le droit de diffamer : & quelle circonspection n'apportent-elles pas, quand il s'agit d'infliger cette peine ? Mais il est très-indifférent au Gouvernement, que tel ou tel citoyen ait plus ou moins de lumières. Le bel esprit est un luxe, comme les arts d'agrément. Il est libre à chacun d'afficher ce luxe, mais aux conditions d'être puni par le ridicule, de la hardiesse de l'affiche, si elle est téméraire. Un musicien, tel que RAMEAU, n'est

PRÉFACE.

n'eſt point maître de ne pas ſiffler de la mauvaiſe muſique; ni un poëte, tel que Voltaire, de ne point railler de méchants vers. Si, par haſard, il leur arrivait de ſe tromper dans leurs jugemens, le public les rendrait garants de leur mépriſe: ainſi ce n'eſt jamais qu'à ſes propres périls que l'on cenſure. Mais, s'il eſt humiliant d'avoir compromis ſon goût par une déciſion erronée, il eſt auſſi très-flatteur d'avoir eu le premier un ſentiment à ſoi, qui ſe trouve confirmé par la poſtérité. Peut-être, a cauſe de cette juſte alternative de gloire & de ridicule, le Gouvernement serait-il en droit d'exiger que tout écrivain satyrique se nommât. Ce serait la seule barrière raisonnable que l'on pût opposer à la liberté d'écrire sur des objets qui d'ailleurs sont entièrement asservis à l'opinion. En effet, on ne peut s'empêcher de reconnaître quelque vérité dans cette maxime:

Un écrit clandestin n'est pas d'un honnête homme.

MALGRÉ des limites si claires, si précises, on ne manquera pas de crier encore à la mechanceté contre l'auteur de la *Dunciade*; & ce seront ceux-mêmes qui l'ont attaqué avec le plus d'indécence; qui feront le plus de bruit. Mais malheur à tout écrivain, & à tout homme

PREFACE.

me en place, qui n'exciteraient l'envie de personne! Les gens sensés croiront que cet auteur a obéi à l'impulsion de son esprit, & lui en sauront gré.

ON se permettra seulement une reponse qui pourra faire quelque impression sur la partie du public, dont on ambitionne les suffrages. Il serait inutile de dire des raisons à ceux qui sont résolus d'avance de n'en pas entendre.

N'EST-IL pas certain que, si l'auteur eût outragé dans son poëme, M. DE VOLTAIRE, par exemple, MM. DE MONTESQUIEU, DE BUFFON, D'ALEM-

BERT, ou le CITOYEN DE GENEVE, estimable à tant d'égards; enfin le petit nombre de ceux par qui se maintient encore la gloire de la nation; n'est-il pas, dis-je, assuré que M. FRERON, à tros louanges par mois, aurait fait son éloge environ quarante fois par an? Tous ceux qui haïssent ces hommes célèbres, n'auraient-ils pas eu pour lui, à peu près, la même indulgence? Ses plaisanteries n'eussent-elles pas été déclarées innocentes, judicieuses, divines? Vous voyez, Lecteur, qu'il n'eût tenu qu'à lui de faire une *Dunciade*, & de conserver beaucoup d'amis: mais le lui eussiez-vous conseillé?

LA

LA DUNCIADE,

OU LA

GUERRE DES SOTS.

CHANT PREMIER.

LA LORGNETTE.

Messieurs les Sots, dont la profe &
    les vers
Depuis long-tems fatiguent mes oreil-
    les ;
Vous que Freron, l'orateur des déferts,
Trois fois par mois (1) met au rang des
    merveilles ;

Voici

―――――
(1) *L'Année littéraire* de M. F.... paraît, par
cayer,

Voici les jours par APOLLON prédits.
Egayez vous, messieurs les Beaux esprits.
Vous qui craigniez le sel de la satyre,
Sel qui jamais n'anima vos écrits,
Egayez-vous ; voici l'instant de rire.

MUSE enjouée, ô toi dont les bons mots
Me consolaient du courroux de l'Envie,
Quand sur la scène, amené par THALIE,
Je confondis les Pédans & les Sots :
Muse, reviens inspirer mon génie.
Je vais chanter les brigues, les complots
De la SOTTISE & de sa Confrairie.
Venger le Goût, c'est servir sa Patrie.
Je n'attends pas de plus digne loyer ;
Car je sens bien, malgré l'abbé COYER (2),
        Qu'on

cayer, tous les dix jours. Il a la générosité d'en donner quatre, par forme de supplément, à la fin de chaque année ; ce qui forme le nombre rond de quarante feuilles.

(2) M. l'abbé C...... a fait un beau discours moral, pour prouver que le mot de *Patrie* est un mot abusif, & qui n'a plus de sens dans notre langue. Il a fait aussi un discours sur la comédie des *Philosophes*, dans lequel il assure
        que

CHANT PREMIER.

Qu'on tient aux lieux où l'on reçut la vie.

O mes amis, rendez grace à MERLIN,
Si cet Ecrit mérite de vous plaire.
Remerciez cet Enchanteur divin
Du beau préfent qu'il a daigné me faire:
J'en vais conter le furprenant myftère,
Pour obéir aux ordres du deftin.

Vous connaiffez l'agréable domaine (3),
L'afyle heureux que je dois à MECENE.
Vous avez vu fouvent ces lieux chéris,
Paifible empire, où notre fouveraine,

La

que cette pièce en trois actes, en vers, n'eft autre chofe que la pièce des *Originaux* en un acte, en profe, repréfentée à *Nancy*. Il compare agréablement l'auteur à une Furie qui répand fes poifons; & dit beaucoup de mal d'*Ariftophane*, qui n'était pas prêtre, qui ne faifait pas de libelles, qui fervait fa Patrie, fans difputer s'il y avait une Patrie; & qui n'a rien écrit en faveur du *Matérialifme*.

(3) Au bourg d'*Argenteuil-fur-Seine*, dans l'*Ifle de France*. C'était autrefois le vignoble de nos Rois.

C 3

La *Liberté*, conduite par les *Ris*,
Vient présider aux *Plaisirs* qu'elle amène.
Mille côteaux, par *Bacchus* enrichis,
Forment, au loin, une riante scène.
L'œil enchanté, s'égarant dans la plaine,
Découvre enfin le superbe *Paris*,
Ses toîts dorés, & cette pompe vaine
Dont en secret mon cœur n'est plus épris.
Je vis en sage, & j'ai brisé ma chaîne.

JARDINS charmans, gazons toujours fleuris,
Que maintenant je foule avec LISETTE,
Par qui mes jours désormais embellis
Coulent en paix au sein de la retraite;
Ombrages frais, beaux lieux que j'ai choisis,
Vous n'êtes rien au prix de ma Lorgnette.

CETTE Lorgnette, où le nom de MER-
LIN (4).

Se

_____
(4) Tout le monde connait ou doit connaître l'enchanteur MERLIN.

CHANT PREMIER.

Se lit encore écrit en vieux *Celtique*,
Fut de son art un monument unique.
Le Sort jaloux, au fond d'un souterrein,
Tenait caché ce chef d'œuvre magique.
La main d'un rustre, en bêchant mon jardin,
Rendit au jour cette merveille antique.

Ce ne fut point l'effet du seul hasard :
Pour moi, sans doute, elle était réservée.
A ce bienfait Merlin lui-même eut part :
J'en fus certain, quand je l'eus éprouvée.

Or ce bijou, que le savoir profond
Du grand Merlin me gardait en partage,
Devinez tous son merveilleux usage.
Ce don si rare où l'esprit se confond,
Cette vertu, ce magique avantage,
C'est de montrer les objets tels qu'ils sont.
Le Sot a beau se déguiser en Sage,
Le Charlatan s'ériger en *Caton* ;
On les connaît. Vainement un Poltron
Prendrait les traits d'un homme de courage ;

Vous le voyez. Et maître ALIBORON (5),
Qui se rengorge en jugeant un ouvrage,
Et se croit fait pour instruire APOLLON,
Lorgnez-le bien, n'est qu'un sot au visage :
Vous concevez que jamais JEAN F...
N'eut de MERLIN la Lorgnette en partage.
Or maintenant jugez, mes chers amis,
Imaginez quelle fut ma surprise,
Lorsque mon œil, dirigé vers *Paris*,
Eut découvert l'antre de la SOTTISE.
Combien d'auteurs elle a pour favoris !
Combien d'entre eux, que ma simple franchise
Mettait au rang de nos plus beaux esprits,
Sont à ses pieds incessamment admis !
Combien je vis, riant de ma méprise,
De sots enfans, de sots à barbe grise,
En robbe, en froc, en soutanne, en plumet !

___

(5) Expression devenue proverbiale, pour désigner l'auteur de l'*Année Littéraire*.

CHANT PREMIER.

Que de MAILHOL (6), de... de T... (7)

Je voudrais bien en dénombrer l'espèce,
Placer ici tous leurs noms au grand jour;
Mais il convient de peindre la déesse:
Ses courtisans après auront leur tour.

TTUPIDITE (c'est un nom de la belle)
Paraît aux yeux un vrai caméléon,
Toujours changeant d'habitude & de
　　ton,
Variant tout, excepté sa prunelle
Où l'on ne vit jamais une étincelle
De ce beau feu que l'on nomme Raison.
A chaque instant, sa burlesque nature
Change de traits, de sexe, de figure.
Vous la voyez semblable à BACULARD (8)
　　　　　　　　　　　　Elle

---

(6) Auteur de la mauvaise tragédie de *Paros*; & qui a fait jouer le rôle de *Lycurgue* par *Arlequin* à la Comedie Italienne.
(7) T..... C'est le savant dont il est dit:
　　　il compilait, compilait, compilait,
(8) M. BAC...... D'ARN.... ou D'ARNAUD DE BACULAD, auteur de l'Epitre si connue
au

Elle sourit à sa métamorphose.
Puis tout-à-coup, ô prodige de l'art !
STUPIDITE soudain se décompose;
Et vous voyez, non pas sans quelque effroi,
A BACULARD succéder DUB... (9).

QUAND un grand homme a fait un plat ouvrage,
Elle ose même emprunter son visage
Pour quelque tems ; & j'en connais plus d'un
Dont le porrait lui fut souvent commun.
Mais, reprenant bientôt son caractère,
On la revoit sous les traits de LE MIE-RE (10).

Elle
au *cu de Manon*. Il publiait, il y a quelque tems, que l'auteur de la *Dunciade* était exilé. Il y avait, sans doute, dans ce propos, de la gaité & de la plaisanterie. On ne se permet de relever ces petits faits & d'autres semblables, que pour parer à l'objection populaire: *Qu'est-ce quils lui ont fait ?*

(9) M. DUB.... auteur de l'incroyable tragédie de *Zelmire*.

(10) Auteur de *Térée* & d'*Hypermnestre*.

CHANT PREMIER.

Elle s'y plait. Il est certains minois
Plus maltraités : car, pour ne vous rien
  taire,
La déité, dans ses goûts singulière,
Les assortit, en dispose à son choix;
Elle varie à son gré leurs emplois.
Du moins un jour, j'ai cru voir son
  derrière
Prendre à mes yeux les traits de LA
  MORLIERE (11).
Pour elle, hélas ! j'en ai rougi cent
  fois;
Car, entre nous, je la croyais plus
  fière.
UN

On a dit de cette dernière pièce, qu'elle était faite à peindre, tant elle avait réussi par la pantomine du théâtre.

(11) LA MORLIERE. C'est un homme qui se donne à loyer pour faire réussir, ou pour faire tomber les pièces nouvelles. Il se distingua particulièrement à la comédie du *Rival par ressemblance*, dont M. FRERON a dit tant de mal ; apparemment pour consoler l'auteur de ce qu'on le forçait à la retirer du théâtre.

Un autre jour vit naître un grand combat
Entre JONVAL (12), MARM... (13)
& DOR... (14).

C'é-

(12) Auteur inconnu d'une feuille périodique, qui paraît cependant toutes les semaines, & qu'on appelle l'*Avant-coureur*. Il a, pour l'auteur de la *Dunciade*, une antipathie qui ne se conçoit pas.

(13) M. MARM... C'est lui qui vient de nous donner une *Poëtique*, dans laquelle il ne dit du mal que de BOILEAU, de ROUSSEAU, de VIRGILE & d'ARISTOPHANE, qu'il associe malignement à *Catiline* & à *Narcisse*. On lui attribue un libelle en vers contre l'auteur, intitulé : *Socrate aux Athéniens*.

(14) M. DORAT, auteur des tragédies oubliées de *Zulica* & de *Théagene*. Il vient de faire paraître une Epître bien longue & bien froide, de *Barnevelt* à son ami, à la tête de laquelle il y a une très-bonne gravure. On connaît, de lui, une autre *Epitre à Damon*, dans laquelle il apostrophe ainsi l'auteur des *Philosophes :*

O toi, moderne ARISTOPHANE !
. . . .

Même

CHANT PREMIER.

C'était à qui transmettrait leur image;
Tous trois avaient un parti dans l'état;
Quand la Sottise, appaisant leur débat,
A Did... (15) accorda l'avantage.
Il eut l'honneur de prêter son visage
A la déesse; & les chefs du sénat
Vinrent en corps lui rendre leur hommage,
Mais, parmi ceux dont le masque hébété
Prête à ses traits le plus de majesté,
Celui de tous qui la coëffe à merveilles,
Le plus plaisant sous ses longues oreilles,
Qu'elle préfère à tout autre patron,
C'est, comme on sait, celui de Jean
F...

Stu-

Même, en t'applaudissant, tout *Paris* te condamme.
Ton triomphe est affreux, & doit t'épouvanter

N. B. Que M. DORAT est pourtant l'ami de M. FRERON.

(15) M. DID..... Il est assez connu, depuis quelques années.

STUPIDITÉ vit, d'ailleurs, en princesse.
Au moindre signe, elle voit accourir
Ses courtisans, dont la foule s'empresse
A l'honorer, la flatter, la servir;
Et ses plaisirs se succèdent sans cesse.
L'art s'étudie à prévenir ses goûts.
Elle a ses jeux, ses acteurs, son orchestre.
Elle y nota tous les vers d'*Hypermnestre* (16);
Et MARM..., encor qu'un peu jaloux,
Vaincu par elle alors en mélodie,
S'extasiait sur sa noble harmonie.

A son théâtre on n'ontendit jamais
Les sons divins de l'auteur d'*Athalie*;
Des

---

(16) Voici un trait de mélodie d'*Hypermnestre*

Le crime d'Hypermnestre & de toutes ses sœurs,
cet accord sert & cache à-la-fois mes fureurs.

Il rappelle un trait d'harmonie de M. MARMONTEL:

Connais le peuple, ami : plus le péril est grand
Et plus à ses soutiens sa faiblesse se prend.

Des sons si doux, des accords si par-
 faits,
Fatigueraient son oreille engourdie.
Jamais *Cinna*, *Camille*, *Cornélie*,
Ni les enfans du sombre CREBILLON,
N'ont abordé cette terre ennemie;
On y frémit seulement à leur nom.
Mérope en pleurs, ni la tendre *Zaïre*
N'ont point d'accès dans ce bizarre
 empire;
Mais quelquefois vous y voyez *Di-
 don*, (17)
Et plus souvent *Théagène* & *Zelmire*.
Si vers le *Pinde* élevant son essor,
A nos regards, une muse nouvelle
Fait éclater quelque noble étincelle.
Du feu divin que l'on admire encor
Dans le vieux chantre, & d'*Achille*,
 & d'*Hector*,

Le

___

(17) *Didon*. Pièce écrite dans le goût de
CAMPISTRON, c'est-à-dire froide, avec une
forte d'élegance. On trouvera qu'elle est mise
ici à son rang, si l'on n'oublie pas qu'on vient
de parler des chefs-d'œuvres de la scène.

Le jeune auteur est honni chez la belle.
Tout aussitôt la stupide immortelle
Le livre aux traits de maître ALIBORON
Son chancelier, autrement dit FRERON,
Lors, diffamant & l'auteur & ses œu-
vres,
ALIBORON fait siffler ses couleuvres,
Mais ces serpens qu'il gardait pour
autrui,
N'ont un venin funeste que pour lui.
De ses poisons lui-même il est la proie.
SOTTISE insulte à ses cris impuissans;
Jusques chez elle on rit à ses dépens;
Des camouflets lui tiennent lieu d'en-
cens;
Et ses douleurs font la publique joie.

O vous, SIVRY (18), vous de qui les
talens

N'ont

___

(18) M. de SIVRY, auteur d'une élégante
traduction en vers d'*Anacréon*, & de quelques
autres poëtes Grecs. Sa tragédie de *Briséis* an-
nonçait de très-heureuses dispositions pour le
théâtre. L'étude approfondie qu'il a faite des
grands modèles de l'antiquité, aurait dû le sou-
te

CHANT PREMIER, 41

N'ont pu fléchir sa cabale inhumaine,
Quitteriez vous les pas de *Melpoméne* ?
Ah ! cher SIVRY, rendez-nous vos ac-
   cens.
Espérez tout de vous-même & du tems.
En *France* encore il est plus d'un *Mecéne*;
Et nous voyons l'équitable public,
Malgré FRERON, applaudir à *War-*
   wick (19).
QUE de plaisirs je dois a ma Lorgnette !
   Qu'-

tenir contre le découragement auquel il parait s'être abandonné. Il a commencé une traduction de l'*Iliade* en vers ; & il est très-capable de remplir cette vaste carrière.

(19) Tragédie nouvelle tirée de l'histoire d'*Angleterre*. Elle est simple, noble, intéressante, bien dialoguée. L'auteur n'a que vingt-quatre ans, & donne les plus grandes espérances. La lettre à M. DE VOLTAIRE, qui est à la fin de sa tragédie, achève de les confirmer. C'est de lui que M. FRERON avait prédit, il y a quelques années, qu'il ne ferait jamais rien de passable; &, par une dérision fine & spirituelle, il appellait ce jeune homme le *Bébé de la littérature*.

Qu'elle embellit ma paisible retraite !
J'ai vu par elle un peuple tout nouveau.
J'en dois tracer les mœurs, le caractère.
Le bien public veut que je fois sincère,
Et qu'aucun trait ne manque à mon tableau.
Sage MERLIN, c'est en toi que j'espère:
C'est à ta main de guider mon pinceau.

STUPIDITE veut parfois du comique.
Comme elle aussi je voudrais varier
Tous mes momens. Le style amphigourique
De ces messieurs au cothurne tragique,
A quelquefois le malheur d'ennuyer :
DORAT souvent l'a prouvé sans réplique.
SOTTISE donc à des auteurs choisis
D'un vol moins fier & d'un sens plus raffis
Naïvement, son ame un peu grossière
A peu de goût pour le sel de MOLIERE.
REGNARD n'est point entre ses favoris.
Dans son palais PIRON n'est point admis ;
Il fut exclus pour la *Métromanie*,
Chef-d'œuvre où l'art s'approcha du génie.   Ses

Ses *Fils Ingrats* (20) auraient été permis.

Le naturel, la gaîté, la finesse,
Les traits piquans, les bons mots sont
    proscrits
Au tribunal de la triste déesse.
Tel est son goût. Jamais les Dufresnys,
Ni les Gressets, ni le peintre des
    Graces (21),
N'ont eu l'honneur de marcher sur ses
    traces :
Mais leurs rivaux, les Dancourts, les
    Boissys (22),
Et les Fagans (23), malgré quelques
    ouvrages

---

(20) Comédie bien inférieure à la *Métromanie*.

(21) M. de Saint-Foix. Son mérite ne se borne pas à faire des comédies charmantes. Ses *Essais sur Paris* prouvent à la fois des connaissances historiques très-profondes, & des vues très-philosophiques.

(22) On a neuf volumes in 8. de Boissy, avec lesquels on pourrait en faire un bon.

(23) On a imprimé les œuvres de Fagan en

Qui du public ont ravi les suffrages,
Plus d'une fois ont remporté des prix
Chez la Sottise, où leurs noms sont in-
 scrits.
Par son jargon Marivaux sut lui plaire.
Destouches même, à force de froideur,
De la déesse aurait eu la faveur,
S'il n'avait peint le *Comte de Tufière* (24),
Et cet Epoux bisarre en son humeur
 (25),
Ce philosophe amoureux de sa femme,
Qui, par orgueil, craint de montrer
 sa flamme,
Et qui rougit d'avouer son bonheur.
Dans cette foule, à l'oubli condamnée,
Certains auteurs n'ont d'autre Ambi-
 tion,
Que de briller du moins une journée.
Chez

---

quatre volumes, dont on ne peut citer que trois pièces en un acte, la *Pupille*, l'*Etourderie* & le *Rendez-vous* : encore cette dernière appartient-elle presque en entier à l'auteur des *Trois frères rivaux*.

(24) Le *Glorieux*.
(25) Le *Philosophe marié*.

Chez les Sots même, on veut avoir un nom.
Qui le croirait ! Par cette passion
L'espèce humaine est par tout gouvernée :
Ce fut l'espoir qui seduisit Rochon(26);
Mais sa faveur n'eut qu'une matinée.

La déité, peu fidelle à ses choix,
Laisse au Hasard incliner sa balance.
Elle applaudit pourtant de preference,
Aux

---

(26) M. Rochon, auteur de la petite bagatelle d'*Heureusement*, copiée d'après une autre bagatelle ; ce qui ne suppose aucun génie. Mais ce qui en prouve on ne peut pas moins, c'est que, du sujet le plus riche de la scène (*le Protecteur*), il n'ait su tirer que sa *Matinée à la mode*, autre bagatelle en un acte en prose, dans laquelle il se trouve encore des scènes de remplissage. On ne peut guère afficher une plus grande disette. Les comédiens lui firent supprimer le titre du *Protecteur*, qu'il avait osé donner à ce petit ouvrage. Le vers
Mais sa faveur n'eut qu'une matinée,
semble faire allusion à la dernière comédie de cet auteur.

Aux inventeurs du *Tragique Bourgeois*,
Genre nouveau, qui s'établit en *France*,
Lorsque du Goût on méconnut les loix.
Avec éclat *Mélanide* (27) & *Cénie* (28)
Se distinguaient sur la scéne amphibie;
Chez la SOTTISE un autre en a l'honneur.
C'est ce héros de la philosophie,
Cet écrivain, dont l'esprit redacteur,
Depuis dix ans, compile avec génie,
Pour élever à sa juste hauteur
Le monument de l'*Encyclopédie*.
Il convenait qu'une fois, en sa vie,
Ce bel esprit passât pour créateur.
A la déesse il doit cette faveur;
Et le brevet en fut, par apostille,
Ecrit au bas du *Père de famille* (29).
L'heureux mortel, par ce brévet flatteur,
Est décoré du titre d'inventeur;
Et GOLDONI (30) ne doit jamais prétendre
A

(27) Comédie de LA CHAUSSÉE.
(28) Pièce de feue madame DE GRAFIGNY.
(29) Comédie de M. DIDEROT, tombée à la lecture, & ensuite à la représentation.
(30) Célèbre auteur *Vénitien*, qu'il ne faut pour-

CHANT PREMIER.

A réclamer ce qu'il a pu lui prendre.
Tel est l'arrêt, en sa forme & teneur,
Signé par GRIM (31), & scellé par l'
  auteur.

QUAND, à *Paris*, la Critique maligne
Se déchaînait contre ce drame insigne,
Par la SOTTISE il était protégé.
L'ami FRERON, pour l'avoir outragé,
De camouflets & de coups d'étrivières
Vit en un jour tripler ses honoraires.
Mais DID . . . , suffisamment vengé,
Intercéda pour le pauvre affligé.
Depuis ce tems, chacun rendit hom-
  mage
Au noble auteur de ce drame immortel.
Même on prétend que ce grand person-
  nage
De la SOTTISE eut un *Fils naturel* (32),
        Qui

pourtant pas appeller le MOLIERE de l'*Italie*. M. DIDEROT avait mis secrettement à contribution quelques ouvrages de cet auteur estimable: mais tout se découvre.

(31) Auteur du *Prophète* de Bochmischbroda, grand ami de M. DID. . . .
(32) Allusion à la comédie du *Fils naturel* de

Qui de sa mère est la vivante image.
L'événement fut marqué par des jeux.
Sur un théâtre élevé par SEDAINE (33).
On fit chanter, pour amuser la reine,
Les *Racolleurs* (34), *Sancho* (35), *Gil-
le Amoureux* (36);
Ces jolis riens, dictés par la Folie,
Sont modulés sur des airs d'*Italie*.
Qui n'aimerait ces impromptus joyeux!
SOTTISE en fait ses plus chères délices.
Ses courtisans inondaient les coulisses,
Et fredonnaient les soirs à ses soupés
Les airs charmans qui les avaient frap-
  pés.
J'ai vu *Paris* abandonner *Mérope*;

         J'ai

M. DID....., très-inférieure encore au *Père de famille*. Voyez, à l'occasion de cette pièce, la seconde des *Petites lettres sur de grands philosophes*.

(33) Entrepreneur de bâtimens, qui entreprend aussi des opéras bouffons.

(34) Opéra grivois de feu VADE.

(35) Opéra bouffon de M. POINSINET.

(36) Parade du même auteur, qui ne méritait pas d'être mise en musique par M. DE LA BORDE.

CHANT PREMIER.

J'ai vu *Cinna*, *Phèdre*, le *Misantbrope*
Sacrifiés à messieurs Taconne,
  Quetant, Bienfait, Nicolet, Poin-
    sinet (37),
Sots autrefois hébergés par Mo-
  net (38).
Ouvertement Freron les préconise,
Et la déesse en tout les favorise,
Dans leurs chansons elle trouve plus
    d'art
Qu'à ces couplets répétés par les Gra-
    ces,
Que tant de fois la muse de Favare (39)
A receuillis en jouant sur leurs traces.

Mon cher Lecteur, convenez mainte-
    nant
Qu'on peut mener une assez douce vie
    Chez

---

(37) Auteurs d'opera bouffons & de parades. Nicolet a le plus de mérite.

(38) Ancien directeur de l'Opéra comique, qui avait plus d'esprit & de gaité que tous ses poëtes.

(39) Auteur de la *Chercheuse d'esprit*, des *Nymphes de Diane*, de l'*Anglais à Bordeaux*, &c.

E

Chez la Sottise ; & j'avoûrai pourtant
Que ses plaisirs ne me font point envie,
J'ai vu souvent son superbe palais.
Les ornemens, prodigués sans mesure,
De tous côtés y brillent à grands frais.
L'art du Burin, celui de la Peinture,
Pour l'enrichir ont épuisé leurs traits :
Et je préfère à son luxe cynique
Mon humble toît & mon jardin rustique.

Elle n'a point de ces savans tableaux ;
Tels que souvent au Louvre on en expose,
Qui des la Tour, des Greuze, des Vanloos (40)
Font admirer les magiques pinceaux.
Stupidité, despote en toute chose,
A son plaisir, ordonne, agit, dispose.
Il faut céder à ses bisarres loix ;
Il faut traiter les sujets qu'elle impose,
Ou renoncer à l'honneur de son choix.
Le seul Grifon (41), sortant d'apprentissage,
Se

(40) Peintres *Français*, les premiers de l'*Europe*, chacun dans leur genre.
(41) Doyen des Barbouilleurs.

CHANT PREMIER.

Se proposa d'embellir le sallon
De la déesse, & d'illustrer son nom
Par un tableau digne de son suffrage,
Et qu'il crut fait pour passer d'âge en âge.
Du *cu* divin, du beau *cu* de **Manon** (42)
Il entreprit l'auguste & noble image;
Et BACULARD conduisait son crayon,
Puis aussitot charmé de son ouvrage,
Tout vis-à-vis il dessina les traits
Du chantre heureux de ce *cu* plein d'attraits.
Si qu'on ne sait lequel a l'avantage,
Du beau derrière ou du galant visage,
Ni qui des trois mérite plus d'honneur,
Du noble *cu*, du peintre, ou du rimeur :
SOTTISE entre eux tour àtour se partage.
LA déité veut qne ses favoris.
Soient excités par l'amour de la gloire.
Impatiens d'une illustre victoire,

Vous

(42) L'héroïne de la célèbre épitre de M. BAC... au *cu* de *Manon*. C'est-là qu'on trouve ces beaux vers :
  Ce cu divin, ce cu vainqueur.
  Il a des autels dans mon cœur.

Vous les voyez accourir à grands cris;
Et le ciseau tranſmet à la mémoire
Les combattans qui remportent des prix.
On applaudit à des honneurs ſi juſtes.
Leurs noms fameux ſont gravés ſous leurs buſtes.
Au premier rang j'apperçus les Duc . . . (43),
Les Did . . , les * *, les d'Arnauds,
Le jeune auteur qui donna *Théagéne*,
Celui ſur-tout qui fit *Ariſtoméne*.
O mes amis! le burin des Calots
Doit attriſter, quand on a vu Sedaine.
Qui ne rirait de voir les traits falots
Du gros Freron, tiré d'après *Sylène*?

Tous

---

(43) Il faut être juſte, même lorſqu'on eſt gai. MM. Duclos, Diderot & Marmontel lui-même, malgré ſa *Poëtique*, ont certainement de l'eſprit & des connoiſſances; mais c'étoit une raiſon de plus pour leur donner ici une place diſtinguée, ſans pourtant les confondre avec les héros ſubalternes de la *Dunciade*. L'homme le plus dangereux en littérature ſerait un homme de beaucoup d'eſprit ſans goût, qui ſe croirait du génie, & qui aurait eu le ſecret de le faire croire à quelques dupes.

CHANT PREMIER.

Tous ces messieurs, assis sur leurs pivots,
Branlent la tête ainsi que nos magots;
Et la déesse en rit à perdre haleine.

Lorgnette en main, je parcourais ces lieux
Où la Sottise a fondé son empire.
Merlin sur moi veillait du haut des cieux.
J'observais tout, afin de tout écrire;
Lorsque soudain il parut à mes yeux
De tant de sots une telle affluence,
Qu'à les compter je perdrais patience;
Sur quelques uns je me tais à regret.
Les nommer tous ferait une imprudence;
Et, malgré moi, je garde mon secret.
Peut-être un jour romprai-je le silence.
En attendant, apprenez leur projet.
Je vais conter de plus grandes merveilles,
Messieurs les Sots: c'est un vœu que j'ai fait.
Accourez donc, & dressez les oreilles.

Dans cette foule, il n'est aucun de vous,
Petit ou grand, qui pût fuir ma Lorgnette.
Elle m'apprit à vous connaître tous,
A vous braver du sein de ma retraite.
Mais je ne pus, malgré l'art de MERLIN,
Appercevoir ni DUROSOY (44), ni BLIN (45).

(44) M. DUROSOY, petit auteur d'un petit recueil intitulé: *Mes dix-neuf ans, ouvrage de mon cœur*, dans lequel il inédit de tout le monde.

(45) Auteur d'Héroïdes. Il en fait écrire une très-longue à *Gabrielle d'Eſtrées*, pendant qu'elle est en appoplexie.

LA DUNCIADE,
OU LA
GUERRE DES SOTS.

CHANT SECOND.
LE BOUCLIER.

Pope l'*Anglais* fit une *Dunciade*,
Ce bel ouvrage éternisa son nom.
En son pays plus d'un cerveau malade,
Plus d'un PHILIPS, d'un CIBBER, d'un NORTON (1),
Troupe stupide, & d'orgueil enivrée,
De la SOTTISE arborant la livrée,

Osai-

(1) Voyez la Préface.

E 4

Osaient juger un DRYDEN, un MILTON:
Et du *Parnasse* à ces fils d'*Apollon*
Insolemment ils disputaient l'entrée.

POPE lui-même, en butte au noir poison
Qui distillait de leur langue acérée,
Les berna tous, & vengea la Raison ;
Je veux berner les Sots de ma patrie.
Seconde-moi, Dieu de la Raillerie,
Je vais jouir de leur confusion.
Il faut enfin que par-tout on les fronde,
Qu'ils soient punis de leur présomption :
Parmi les Foux dont l'*Angleterre* a-
  bonde,
Il n'en est pas de plus sot que FRERON :
Voilà le point sur lequel je me fonde.

PUISSENT mes jeux quelquefois t'égayer,
Toi, cher LE BRUN (2), qu'*Apollon*
  même inspire,

A

————

(2) M. LE BRUN, auteur d'un poëme *sur la Nature* étincellant de traits de génie. On a de lui des odes dans le genre de PINDARE. Le recueil de ses ouvrages va paraître.

CHANT SECOND.

A mon projet toi que j'ai vu sourire !
Puissent ces Vers dignement te payer !
Sans ton secours j'allais briser ma lyre.

Grace à Merlin, vous savez, mes amis,
Ce qui se passe où règne la Sottise.
Je vous ai dit quelle fut ma surprise,
Quand tous ces Sots, par d'autres Sots suivis,
Vinrent en foule inonder ses parvis.
Tous n'attendaient qu'un regard de leur reine,
Qui souriait de voir grossir sa cour ;
Et Sabatier (3) leur servait de tambour,
Frappant des mains sur sa lourde bedaine.
Quoique son air parût un peu pesant,
On admirait son maintien imposant,
Son geste noble & sa démarche fière :
Quand, pour hâter un bataillon trop lent,

___

(3) Mauvais faiseur d'odes, le Pindare de M. Freron.

A ses côtés CREVIER (4) se mit à braire;
CHAUMEIX (5), jaloux, l'imita sur le champ;
ALIBORON reconnaît son plein-chant;
Et, courroucé contre le téméraire
De qui la bouche osait le contrefaire,
A son larinx donnant un libre essor,
Fit résonner ses poumons de *Stentor* (6).

TELS que les flots, soulevés par l'orage,
Sont, à grand bruit, poussés vers le rivage :
Tels à ces cris on les voit accourir.
Tous s'empressaient autour de la déesse;
Tous

---

(4) M. CREVIER, professeur émérite de l'Université. Ses confrères sont indignés du livre qu'il vient d'écrire contre le célèbre auteur de l'*Esprit des Loix*. Si ce professeur ne s'était pas heureusement retiré, la jeunesse *Française* aurait appris, sous lui, à mépriser M. DE MONTESQUIEU. De pareils exemples doivent faire sentir au Gouvernement combien il est digne de lui de veiller avec soin à l'éducation publique.

(5) ABRAHAM CHAUMEIX, bel-esprit convulsionnaire. Voyez *le pauvre Diable*.

(6) Soldat *Grec*, connu dans l'*Iliade* par sa voix terrible.

CHANT SECOND.

Tous à l'envi juraient de la servir,
Et s'excitaient par des cris d'allégresse.

Muse, dis moi ce qui les conduisait,
Quel noble espoir alors les séduisait,
Révèle-moi leur fameuse entreprise,
Et le discours que leur tint la Sottise.

La déité, d'un air sombre & rêveur,
En elle même un moment recueillie,
Se composant, ainsi qu'un orateur
Qui va parler dans une académie,
Leur dit ces mots sur un ton d'élégie :

„ O mes enfans, je me flattais en vain
„ De triompher de la *France* asservie,
„ D'y ramener l'antique barbarie,
„ Et d'établir mon pouvoir souverain
„ Sur les débris du temple d'*Uranie*.
„ Mon sceptre échappe à ma débile
   main ;
„ De tous côtés, le flambeau du Gé-
    nie,
„ De ma puissance éclairant le déclin,
„ Offre à mes yeux sa lumière ennemie.
„ Que t'ai-je fait, implacable Destin !

Mes

„ Mes chers enfans élevés dans mon
   sein,
„ Qu'avec plaisir du moins je me rap-
   pelle
„ Ce que pour vous avait tenté mon
   zèle !
„ Souvenez-vous de mes derniers suc-
   cès.
„ A mes genoux voyez mes chers *Fran-*
   çais.
„ Reconnaissez leur aimable démence
„ Dans ces cartons dérobés à l'enfance
„ Enluminés & taillés par mes mains.
„ Voyez mouvoir ces agiles *Pantins* (7);
„ Revoyez-les passer du peuple aux
   princes,
„ Et tour à tour parcourir les provinces.
„ Qui n'auroit cru que le *Français* lé-
   ger
„ Sous mes drapeaux allait se rengager!
„ Rappellez-vous mes *Bouffons d'Ita-*
   lie (8) ;   „ Ces

(7) Tout le monde connaît la folie épidémique des *Pantins*, qui eut cours en *France*
en 1747.

(8) Autre folie épidémique de la nation,
pour de mauvais bouffons de *Lombardie.*

CHANT SECOND.

„ Ces *Chars* brillans, conduits par la
 Folie (9);
„ Ces *Boulevards*, aujourd'hui si peu-
 plés (10),
„ Séjour bruyant que la cour & la ville
„ Et les catins ont choisi pour asyle;
„ Où tous mes jeux sont en pompe
 étalés.
„ Quittez, quittez ces riantes parades;
„ Venez jouir d'un spectacle nouveau :
„ Voyez danser de nouvelles Ménades:
„ Voyez la *France* accourir au tonneau,
„ Qui sert de trône à Monsieur RAM-
 PONNEAU (11);
„ Fut-

(9) Autre folie, qui a métamorphosé une partie de nos jeunes seigneurs en cochers.

(10) Autre folie. Les *Boulevards* font une promenade bruyante, incommode, mal-saine & mal-propre, dont tout *Paris* raffolait depuis quelques années, & qui avait fait abandonner le palais des *Thuileries*, & les *Champs-Elisées*. On y joue continuellement des parades ; & c'est le rendez-vous des charlatans, des filoux & des Marionnettes.

(11) Autre folie. RAMPONNEAU était un malheureux cabaretier de la *Courtille*, chez qui toute la *France* fit une incursion en 1760.

F

LA DUNCIADE,

„ Fut-il jamais un plus heureux délire?
„ Quel autre tems marqua mieux mon empire?
„ De mon pouvoir ce font les moindres traits :
„ Prêtez l'oreille à de plus nobles faits.
„ Mes ennemis cimentent ma puissance :
„ Qui l'aurait cru ? Ce Rousseau que je hais (12),
„ Ce *Génevois* dont le nom seul m'offense,
„ Lui qui pouvait arrêter mes progrès,
„ Il me seconde ! & son inconséquence
„ En ma faveur arme son éloquence (13)
„ Mais c'est à vous, ô mes braves soutiens,
„ A qui je dois le sceptre que je tiens.
„ Si

(12) M. Rousseau de *Genève*. Ceci n'est assurément pas une satyre. De tout ce qui a été imprimé sur cet homme de génie, les Lettres de M. l'abbé Yvon sont ce qui le caractérise le mieux.

(13) Allusion au fameux *paradoxe contre les Arts & les Sciences* couronné par l'académie de *Dijon*.

CHANT SECOND.

,, Si de nos jours un *Code poëtique* (14)
,, Par son volume étonna la Critique,
,, Et règlant tout, en dépit de Boileau,
,, De l'art des vers fit un art tout nouveau ;
,, Si ce Boileau, dont j'ai craint le génie,
,, Est décrié, même à l'*Académie*,
,, Si les honneurs dûs au chantre Romain (15)
,, Sont aujourd'hui prodigués à Lucain;
,, Si le rival de Pindare & d'Horace (16)
,, Paraît tomber du faîte du *Parnasse*,
,, O mes amis, ces illustres exploits,
,, C'est à vous seuls, à vous que je les dois !

,, Mais que me font ces frêles avantages ?

,, Vol-

(14) La *Poëtique* de M. Marm..., dont ces vers contiennent un extrait.
(15) Virgile.
(16) Le poëte Rousseau.

„ Voltaire encore unit tous les suffra-
  ges :
„ Et Montesquieu, de la nuit du tré-
  pas,
„ Menace encor mes timides états.
„ Un d'Alembert retarde mes con-
  quêtes :
„ A m'attaquer leurs mains sont tou-
  jours prêtes.
„ L'*Europe* entiere a les yeux sur Buffon
„ La Renommée est fidelle à leur nom,
„ Et va par-tout publiant mes outrages.
„ Il me restait un parti redouté,
„ Je m'appuyais sur ces modernes
  sages,
„ Qui, sur mes pas cherchant la vérité,
„ Me consacraient leurs pénibles ou-
  vrages ;
„ Je n'avais pas de sujets plus zèlés.
„ Un monstre, né dans le sein des Fu-
  ries,
„ Osa sur eux porter ses mains hardies :
„ Je les vis tous indignement si-
  fflés (17). „ Ce

(17) Ceci paraît une allusion à la comédie
des

CHANT SECOND.

„ Ce jour fatal, présent à ma mémoire,
„ Ce jour affreux fut l'écueil de ma gloire.

„ J'eusse espéré quelque accès à la cour :
„ Mais vain espoir dans un malheur extrême !
„ Près de LOUIS les Arts font leur séjour,
„ Enorguéillis de sa faveur suprême.
„ MINERVE a pris les traits de P...,
„ Tout me poursuit jusqu'à la beauté même !
„ Les RICHELIEUX, les CHOISEULS, les D'AYENS,
„ Les NIVERNOIS, ces rivaux de *Mecene.*
„ M'ont voué tous une immortelle haine,
„ Du dieu des Arts invincibles soutiens (18).

„ Ce

des *Philosophes.* Au reste, ces messieurs doivent être contens. On parle ici de l'auteur comme ils en ont parlé dans leurs ouvrages.

(18) On a reproché à l'auteur d'avoir pris

LA DUNCIADE,

„ Ce souvenir a r'ouvert mes blessures.
„ Ah! c'est enfin dévorer trop d'injures.
„ Venez, mes fils, venez venger l'af-
front
„ Dont votre reine a vu rougir son
front.
„ Dans vos regards je vois briller l'au-
dace;

„ Vo-

pour devise, à la tête de l'édition de ses Oeuvres, ce vers d'Horace :
Principibus placuisse viris non ultima laus est.
comme si tout homme de lettres pouvait ne pas ambitionner l'estime des personnes illustres que l'on vient de nommer. En est-il un seul qui ne fût jaloux d'obtenir les suffrages des ROHAN, des BEAUVEAU, des BERNIS, &c. &c. &c.... Mais je ne dois me permettre de célébrer que ceux que j'ai eu l'honneur d'approcher. M. TRISSOTIN peut, tant qu'il voudra, médire des Grands qui le méprisent. L'auteur n'en est que plus obligé de reconnaître que, si quelque chose a paru plaire dans ses ouvrages, il en est redevable sur-tout aux lumières des personnes de la cour, qui ont bien voulu l'encourager. Les pédans ne verront ici qu'une flatterie ; c'est ainsi que jugeait *Bavius* des louanges données à *Mécène.*

„ Votre dépit a peine à se cacher :
„ Vous aspirez à régner au *Parnasse*.
„ C'est là, mes fils, que je préten**s**
   marcher.

A ce discours, unique en son espèce,
De bâillemens un murmure confus
Se fit entendre autour de la déesse ;
Tant les esprits étaient encore émus.
Freron, sur-tout, par qui l'on bâille
   en *France*,
Eut un accés à perdre connaissance.
Mais Marm... attira tous les yeux.
Brûlant déjà d'exercer sa vaillance,
Son regard fier, son geste audacieux
Dans tous les cœurs fait naître l'espé-
   rance :
A son abord règne un profond silence.
Oui, leur dit-il ; oui, c'est sur l'*Hélicon*
„ Que nous attend une gloire certaine.
„ Mon intérêt n'est pas ce qui m'amène
„ On rend justice à l'éclat de mon mon.
„ O des grands cœurs unique passion,
„ Noble Amitié, ton pouvoir seul
   m'entraîne !

F 4   „ Si

„ Si mon bras s'arme en faveur de la reine,
„ Si je prétens attaquer *Apollon*,
„ Et de son trône arracher *Melpomène*,
„ Tout mon espoir est d'y placer PRA-
DON :
„ Il regnera; j'en jure *Aristomène!* (19)

A ce discours, qu'il prononce en héros,
On applaudit au beau feu qui l'anime ;
On porte aux cieux ce sentiment subli-
me ;
Tous, à l'envi célébrent ses travaux,
Tous sont jaloux de l'exemple qu'il donne.
PRADON, voulant égaler son grand cœur,
Lui dit : Mon fils, j'accepte la cou-
ronne
„ Pour la poser sur le front du vain-
queur:
D'étonnement l'assemblée est saisie;

---

(19) Allusion au serment célèbre, cité par LONGIN :
J'en jure mon combat aux champs de Marathon.

CHANT SECOND. 69

On se récrie à ces nobles propos.
STUPIDITE de plaisir s'extasie,
Se partageant entre les deux rivaux ;
Et dans l'instant, veut qu'on leur expédie
Vite un brévet pour son *Académie.*

O MARM... un trait si généreux
Sera cité chez nos derniers neveux.
De la vertu tel est l'aimable empire !
Il est élu, d'une commune voix,
Pour général. On l'entoure, on l'admire ;
On se promet de vaincre sous ses loix ;
STUPIDITE confirme un si beau choix.
Et tout à coup, ô prodige ? ô merveilles ?
La déité, par un excès d'honneur,
Voulant sur lui signaler sa faveur,
Fait allonger ses superbes oreilles.
De son aîmet ce magique ornement
Donne à ses traits un air plus imposant.

A ce signal, les DORAT, les LE MIERE,

Les

Les Colardeau (20) s'empressent sur
  ses pas.
Did.., même, en gémissant tout bas
D'accompagner un chef qu'on lui pré-
  fere,
Fait éclater une ardeur qu'il n'a pas.
Duc.. n'a point un sentiment si bas.
Pour Marm... son amitié sincère,
Plus que l'espoir, l'entraînait aux com-
  bats
Déla d'Arnaud les fuit d'un pas rapide,
Il s'efforçait de paraître intrépide.
Dans cette foule on ne vit point le F...

Car

(20). M. Colardeau, auteur de quelques tragédies, & d'une *Epitre à sa chatte*, connue sous le nom d'*Epitre à Minette*. Il y dit qu'il ne tiendrait qu'à lui d'être méchant, tout comme un autre. Il ne nomme, à la vérité, personne dans cette satyre : seulement, il avouait secrettement à tout le monde ceux qu'il avait eu l'intention d'attaquer. L'auteur de la *Dunciade* était un de ceux qu'il désignait le plus volontiers. C'est une nouvelle manière de médire sans se compromettre ; mais elle tient un peu du caractère de l'animal à qui l'épitre était adressée. M. Le Brun vengea ses amis par l'*Anti-Minette*, satyre pleine de vigueur & de graces.

CHANT SECOND.

Car il était alors à *Pompignan*.
Mais on y voit le romancier BASTIDE,
Qui se flattait de réformer les mœurs,
S'il parvenait à trouver des lecteurs (21).
Et ce LE ROI, dont la muse invalide (22),
Depuis dix ans cherche en vain des ac-
    teurs.
Il est suivi du guerrier PORTELAN-
    CE, (23)
Qui des sifflets épuisa l'inclémence.
A leurs côtés paraît ce SAUVIGNY, (24)
                    Cet

(21) Si M. DE BASTIDE n'a point trouvé de lecteurs, ce n'est pas assurément faute d'imagination. Il a donné un *Spectateur François* à 3 liv. par volume, dont il réduisit le prix à trente sols, ensuite à douze sols ; enfin à deux sols par feuille que l'on distribuait aux portes cochères. Les Suisses avaient ordre de les refuser.

(22) M. LE ROY, avocat, qui a eu le malheur de perdre un bras à la chasse, a imaginé depuis de faire des tragédies. Il en a une qui s'appelle *Adrien*, & l'autre *Roxelane*. Il travaille depuis plus de dix ans à les faire jouer ; mais les comédiens sont inflexibles.

(23) Auteur de la tragédie d'*Antipater*, tant sifflée en 1751, après avoir été tant louée.

(24) Auteur de la *Mort de Socrate*, tragédie
en

Cet écrivain de qui la main profane
Croyait flétrir le nom d'ARISTOPHANE,
Et dont l'orgueil ne fut pas impuni.

EST CE donc vous que j'apperçois ici.
Mon cher ROBE, (25) chantre du *Mal immonde*,
Vous dont la muse en dégoûtait le monde ?
Ah ! je conçois d'où vous vient cet honneur.
La dureté n'est pas toujours vigueur ;
Il faut en vers allier l'énergie

Avec

en trois actes, dans laquelle il y a un personnage muet ; & ce personnage muet ; est l'éloquent PLATON. Cet auteur avoit inféré, dans sa piéce, des vers bien mordans contre ARISTOPHANE, pour faire un vaudeville ; mais leur absurdité les fit supprimer. Sa tragedie fut représentée cinq ou six fois.

(25) M. ROBE, poëte extrêmement dur, avec de l'imagination. Il n'a guères traité que des sujets cyniques ; & il est actuellement convulsionnaire. Ses vers ressemblent presque tous à des bouts-rimés très-bisarres, que l'on se serait efforcé de remplir.

CHANT SECOND.

Avec les sons de la douce harmonie.
Vous n'avez pas obſervé ce grand art,
Ami Robe, dans votre poëſie:
Je vous le dis, peut-être un peu trop
  tard;
Mais je vous laiſſe en bonne compagnie.

Le ſeul Freron voyait avec douleur
  (26);
De ce grand jour l'appareil mémorable,
De commander Il ſe croyait capable;
Il ſe livrait à cet eſpoir flatteur.
De Marm... l'éclatante faveur
Redouble encor le chagrin qui l'acca-
  ble.
Secrettement, contre ce fier rival,
Il ameutait la Morliere & Jonval.
Mouhy l'excite à venger ſon injure;

Avec

---

(26) Tout ce morceau eſt viſiblement emprunté d'Homère. Thersite eſt puni, par
un coup de ſceptre, comme l'auteur de l'*Année littéraire;* & ſa grimace fait rire toute l'armée. Quelle obligation n'a t-on pas à Homere! On trouve, dans l'*Iliade* même, de quoi
berner M. F.....

Avec D'AÇARQ (27) il cabale, il murmure;
CHAUMEIX les fuit : & la Sédition
Sur tout le camp répandait son poison,
Quand à leurs yeux se montra la déesse.
A son aspect, ils sentent leur faiblesse.
Par une oreille elle saisit FRERON,
Le terrassa de sa main vengeresse,
Et sur son dos laissa tomber à plomb
L'énorme poids de son sceptre de plomb.
On vit soudain son orgueil disparaître.
Tel qu'un barbet menacé du bâton,
Soumis, rampant, humble devant son maître,
Semble vouloir implorer son pardon;
Non moins confus, le triste ALIBORON
Se débattait, étendu sur la place.
L'air retentit de ses cris douloureux.
A ce spectacle, à sa laide grimace,
A cet objet grotesquement affreux,
De tous côtés, un rire impitoyable
S'élève encor contre le pauvre diable.

(27) Auteur qui se pique d'être grammairien, & qui écrit d'un style inintelligible. C'est un des associés de l'*Année littéraire*.

CHANT SECOND.

STUPIDITÉ, voyant ce peuple entier
Impatient de venger sa querelle,
Fait apporter le vaste Bouclier (28)
Qu'elle forgea de sa main immortelle.
Dans ses états il n'est aucun guerrier
Qui ne fléchît sous ce rempart d'acier :
Jamais VULCAIN n'en fit sur ce modèle.

Vous connaissez ce tissu merveilleux
Qui de VENUS compose la Ceinture.
Tout ce qui peut embellir la nature ;
Les *Ris* badins & les folâtres *Jeux* ;
L'art de charmer ; cet éloquent *Silence*
Qui d'un amant enhardit l'espérance ;
Les doux instans réservés pour les dieux,
La *Volupté*, plus piquante peut-être ;
Et ces *Refus* non moins délicieux,
Avant coureurs du *Plaisir* qui va naître ;
De la beauté le *Sourire* ingénu ;
Tous les *Attraits*, les *Graces*, la *Jeu-
   nesse*,
Et des *Amours* la troupe enchanteresse,
Sont renfermés dans ce divin tissu.

(28). Tout ce morceau est encore imité d'HO-
MERE. Quel trésor de poësie que cette *Iliade!*

Le Bouclier, par un effet contraire,
Impénétrable à tout ce qui doit plaire,
Rend hébêté quiconque en est couvert.
L'oreille est sourde au plus charmant concert.
L'ame devient stupide, appesantie,
Inaccessible aux attraits du Génie.
Ce talisman est le *Palladium* (29)
De la déesse. Il plonge en léthargie.
La jusquiame & le froid opium (29)
De leurs vapeurs troublent moins la raison.
STUPIDITE, triplant son énergie,
Le rembourra de feuilles de FRERON,
Et de discours faits pour l'*Académie* (30)
Sur lui le Goût ne prévalut jamais.
J'ai vu souvent, à nos jeux dramatiques,
L'impression de ses vertus magiques.
Il donne, il ôte, il détruit les succès :
De l'Eloquence il repousse les traits :

Et

(29) (29) Il est d'usage de prononcer, *Palladion*, *opion*.

(30) Pour les prix qui se distribuent tous les ans. L'*Académie* est souvent obligée de différer la distribution, faute d'un bon ouvrage.

CHANT SECOND.

Et du Parterre, en proie à ses prestiges,
Il a banni la décence & la paix.
La déité, combinant ces effets,
Pour le former épuisa ses prodiges;
Sa main divine en fit tous les apprêts.

Elle y traça les fastes de sa gloire.
Vous y voyez cette illustre victoire
Que remporta son favori Pradon,
Malgré Boileau, Racine & la Raison.
Sous les efforts de sa brigue ennemie,
On voit tomber la sublime *Athalie* (31).
Racine meurt, confus, découragé,
Ne sachant pas s'il doit être vengé :
L'abattement est peint sur son visage :
Ses ennemis, par leurs cris menaçant,
Troublent la paix de ses derniers mo-
    mens :
Le tombeau seul le dérobe à leur rage.
Plus loin, on voit, sous un parti jaloux,
Le *Misantbrope* (31) atteint des mêmes
    coups.   La,

(31) (31) Les deux chefs-d'œuvre de la scène, *Athalie & le Misantbrope*, succombèrent
sous le mauvais goût. On a encore une épigramme de Fontenelle contre *Athalie*.

La, tout Paris accourt à *Timocrate* (32);
Brittannicus est quitté pour l'*Atrate* (33).
L'œil étonné contemple les portraits
Des Scuderis, des Tristans, des Mairets.
Rivaux obscurs de l'aîné des Corneilles,
Ils balançaient ses naissantes merveilles.
Ici, Rousseau (34) banni, persécuté,
Noble victime immolée à l'Envie,
Vaincu par elle & par l'Adversité,
Meurt, en tournant les yeux vers sa patrie,

On

(32) *Timocrate.* Mauvaise pièce, à événemens accumulés, comme *Zelmire*. Elle est de Thomas Corneille. Elle eut quatre-vingt représentations, & *Brittannicus* n'en eut que huit. Il est étonnant que *Zelmire* n'en ait eu que quinze.

(33) *Astrate.* Tragédie de Quinaut, très-médiocre. Ce poëte n'était né que pour les graces.

(34) Rousseau, notre Horace, mort exilé à *Bruxelles.* Il est avéré, même par le style, que les *Couplets*, pour lesquels il fut persécuté, n'étaient pas de lui.

CHANT SECOND.

On voit frémir l'ombre de CREBILLON.
La Parque à peine a terminé sa vie,
Que sa mémoire est lâchement flétrie (35)
La Haine encor s'arme contre un vain nom;
Même au tombeau la Gloire est pour-
  suivie!
On voit par tout l'implacable FRERON
Versant du fiel sur les dons du Génie.
Pour se soustraire à de pareils dangers,

l'Au-

(35) Allusion à une brochure sanglante, qui parut contre M. DE CREBILLON, quelques jours après sa mort. Il y avait, sans doute, dans cette brochure, qui, pour trop prouver, ne prouvait rien, quelques observations qui supposaient une critique très éclairée. Mais il ne fallait pas l'attribuer à M. de V......, qui a lui-même célébré tant de fois l'auteur de *Rhadamiste* & d'*Electre*. Quoique M. DE CREBILLON fut certainement un homme de génie, M. de V......, qui a fait deux poëmes épiques, des tragédies admirables; qui a écrit l'histoire en philosophe éloquent; qui, en un mot, a porté de nouvelles lumières sur tous les genres qu'il a traités, est assurément très-supérieur à ce poëte tragique, & ne peut être soupçonné d'en être jaloux.

L'auteur d'*Alzire* abandonne la *France*;
Ses ennemis ont lassé sa constance;
Il va languir sur des bords étrangers.
Du Bouclier tels étaient les trophées;
Par-tout la Haine y poursuit les ORPHÉES:
Par tout on voit de nouveau MARSYAS
Encouragés par de nouveaux MYDAS.

Vous y brillez, vous par qui *Melpomene*
Vit ses honneurs éclipsés sur la scène:
Vous recevez le prix de vos traveaux,
O DUB..., ô savans COLARDEAUX (36)!
Un

---

(36) *Savans* est mis-là par antiphrase. M. COLARDEAU, dans son poëme du *Patriotisme*, avait transporté la *Crète* à *Colchos*. Cette étrange bévue lui a été reprochée dans ces vers de l'*Anti-Minette*:

> *Lui, qu'on a vu, trop ignorant poëte,*
> *Bouleversant la fable & ses héros,*
> *Faire enlever la Toison dans la* Crète,
> *Et transporter la* Crète *dans* Colchos.

Cette bévue en rappelle une de PRADON, qui, ayant placé une ville d'*Europe* en *Asie*, disait, pour s'excuser, qu'*il ne savait pas la chronologie*.

Un peuple entier vous dresse des statues;
Vos noms fameux sont portés jusqu'aux nues;
Et l'on insulte à vos tristes rivaux.

Ce Bouclier de la fière immortelle
Dans tous les rangs allume un nouveau zèle.
Sur tous les fronts on voit briller l'espoir;
Chacun s'excite à remplir son devoir;
Un noble orgueil tour à tour les enflamme.

L'abbé Trublet vient bénir l'oriflamme,
Non toutefois sans un peu de frayeur :
Il est né doux; les combats lui font peur.
L'abbé Morlaix (37) lui servait d'acolyte;

Sa

(37) L'abbé Morlaix, auteur d'un libelle intitulé *la Vision*. On insultait, dans cette facétie atroce, une femme respectable & mourante. Le bon sens n'y était pas moins outragé; & cependant cela s'appellait une plaisanterie.

Sa *Vision* lui valut cet honneur;
Et ce n'est pas la première faveur
Que cet ouvrage attire à son mérite.
l'Abbé LE BLANC (38), leur illustre rival,
Y figurait près de l'abbé RAYNAL (39).
Et vous aussi, mignon de la déesse,
Gentil, piquant, badin, folâtre abbé,
Vous qu'à son char j'avais dérobé,
Vous qui l'aimez, qui la suivez sans cesse !
Sur son bureau j'ai vu *Sobieski* (40)
Que votre plume a si bien travesti.
J'ai vu sa cour bâiller par intervalles,
Mais applaudit à vos *œuvres morales*.
Nul mieux que vous d'un joli vermillon
N'enlumina la sévère Raison.

A

(38) M. l'abbé LE BLANC, auteur de *Lettres, non Françaises, sur les Anglais*.

(39) M. l'abbé RAYNAL, auteur de quelques histoires parsemées d'antithèses, de mots, & dans lesquelles on n'apprend rien.

(40) M. l'abbé COYER a écrit la vie de *Sobieski* du même style que ses *Bagatelles morales*.

CHANT SECOND. 83

A chaque instant, SOTTISE s'extasie
Au beau *discours sur le vieux mot Patrie*.
J'en suis témoin ; & j'entendis crier
Plus d'une fois : *Place à l'abbé* COYER !

MAIS MARM..., semble se reproduire.
D'un pas agile il court de rang en rang.
Vous le voyez, en tête, en queue, en flanc,
Tout ordonner, tout presser, tout conduire,
Fier ennemi de tout rétardement.
Tel, & moins leste, aux vallons d'*Arcadie*,
Un fier Onagre (41) arrive en bondissant.
Il voit, au loin, des ânesses paissant :
D'un pas rapide il franchit la prairie.
Les voir, les suivre, en devenir l'amant,
Leur partager tour à tour ses caresses,
S'en faire aimer, n'est pour lui qu'un moment,

De

(41) HOMERE compare le vaillant *Ajax* au même animal, mais dans une autre situation.

De l'une à l'autre il court inceſſamment,
Leur prodigant ſes ſuperbes tendreſſes,
O MARM... vous parutes charmant,
En ce grand jour, aux yeux de la déeſſe,
Elle ne peut cacher ſon allégreſſe :
„ Ah ! lui dit-elle, ah ! ſi le Sort jaloux
„ M'eut conſervé trois guerriers tels que vous (42),
„ Du monde entier je ſerais la maîtreſ-
  ſe !"
Son front ſuperbe, à ce diſcours flat-
  teur,
Se colora d'une aimable rougeur.
Modeſtement, il baiſſa ſes oreilles ;
Tel on le vit témoigner ſa pudeur,
Lorſqu'au théâtre enrichi de ſes veilles,
Avec fracas, on demandait L'AUTEUR.

(42) Autre imitation d'HOMERE.

LA DUNCIADE,
OU LA
GUERRE DES SOTS.

CHANT TROISIEME.
LE SIFFLET.

SEXE ENCHANTEUR, à qui tout rend hommage,
Si j'ai paffé le printems des Amours,
Si malgré moi j'ai l'honneur d'être fage,
Je me fouviens encor de ces beaux jours
Où j'ai fubi votre doux efclavage.
Qui n'eut alors envié mon partage !
La *Volupté*, fidelle à mes defirs,
En m'égarant de plaifirs en plaifirs,

Se conformait à mon humeur volage.
Fiére DAPHNE, pour vaincre tes rigueurs,
Du Sentiment j'empruntais le langage.
A moins de frais j'allumais tes ardeurs,
Folâtre EGLÉ : tes plus tendres faveurs
Etaient le prix d'un léger badinage.
Mais, croyez moi, sexe fait pour charmer
Contentez-vous d'un si noble avantage ;
Et n'allez pas vous laisser enflammer
Pour les faux biens qui sont à notre usage,
Ne quittez point l'aiguille de *Pallas*
Pour le compas de la grave *Uranie* ;
N'enviez point les palmes du Génie.
Le ciel vous fit pour de plus doux combats.
Donnez des loix, & n'en recevez pas.
N'allez jamais, d'une ardeur indiscrette,
De *Calliope* emboucher la trompette.
Si quelquefois, pour le docte côteau,
Vous négligez les myrthes de *Cythère*,
Suivez plutôt la tendre DESHOULIERE.
Les sons légers de l'humble chalumeau

Of-

CHANT TROISIEME.

Offrent assez de quoi vous satisfaire.
Je n'aime point une femme guerrière ;
J'aime encor moins celle qui, sur les
  bancs,
Va se mêler au troupeau des pédans.
Signalez-vous dans une autre carrière.
Que dans les cieux PROMETHEE ou
  NEWTON
Aillent encor dérober la lumiere ;
Il est plus doux d'égarer la raison.
Du bel esprit l'importune chimère,
Même à nos yeux, ne vaut pas l'art de
  plaire.

STUPIDITÉ ne pense point ainsi.
Elle a sans cesse, autour de sa personne,
Un bataillon qu'elle même a choisi.
Ce fut jadis la prude SCUDERI (1)
Qui commandait cette troupe Amazone
A cet emploi succéda COLIGNY (2).
SOTTISE après fit choix de DUFEUILLAGE.
                                   Fière

(1) Auteur de l'énorme roman de *Clélie*.
(2) C'est apparemment COLIGNY DE LA
SUZE.

Fière beauté, l'ornement d'un autre âge.
Elle y viendra cette RUBICONI,
Qui n'a point fait le *Marquis de Creſſy* (3),
Qui n'a point fait les *Lettres de Fanny* (3),
Qui n'a point fait *Juliette Catesby* (3).
Vous y verrez mademoiselle UNCY (4);
B*. & PUYSIEUX (*) auront leur tour aussi.

Vous étiez-là, guerrière hermaphrodite,
Belle MALCRAIS, mais ennuyeux MAIL-
LARD (5);

Pour

(3) (3) (3) Ce sont les titres de trois petits romans, dont le public s'obstine à ne pas
reconnaître l'auteur.

(4) Mademoiselle UNCY a donné une com-
pilation de *Contes* tirés des *Mercures*, pour ſer-
vir de suite aux *Contes moraux de* M. MAR-
MONTEL.

(*) Madame PUYSIEUX a fait un volume de
Caractères & quelques Romans. Elle a ou-
blié, dans ses caractères, celui de *femme bel-
esprit*, qui n'eut pas été le moins piquant du
livre.

(5.) C'est la MERIADEC de la *Métromanie*.
Il plut à M. DESFORGES MAILLARD d'envoyer
des vers à tout *Paris*, du fond de la *Bretagne*,
ſous le nom de mademoiselle MALCRAIS DE
LA

CHANT TROISIÉME.

Pour célébrer votre double mérite,
Il me faudrait l'esprit de BACULARD.
Telles marchaient ces superbes rivales,
De la déesse intrépides vestales,
Se souvenant d'avoir eu pour guidon,
Dans ses beaux jours, la comtesse FRE-
  RON (6),
En lettres d'or, sur leur noble banniè-
  re,
On voit écrit : MUSE LIMONADIERE (7).
            STU-

LA VIGNE. Il reçut, en qualité de fille, beaucoup de complimens & de déclarations : mais, quand il crut pouvoir se produire sous l'autre sexe, il fut sifflé de ses admirateurs & de ses amans.

(6) M. FRÉRON, qui a été jésuite, puis sous-lieutenant d'infanterie, puis abbé, puis marié, a été aussi comtesse. Son premier journal s'appellait : *Lettres de la Comtesse*......

(7) C'est le titre du recueil de Madame BOURETTE, limonadière, ci-devant madame CURÉ. C'est à son sujet qu'un laquais de M. F...., à ce que son maître raconte lui-même, fit cette épigramme, qui n'est pas la plus mauvaise de l'*Année littéraire* :

  O toi, qui chantes les héros,
  Et qui fais d'excellens sirops! &c.

STUPIDITÉ, qui connaît leur valeur,
Veut, à leur tête, envahir le *Parnasse*.
Le bataillon, sensible à cet honneur,
Fait éclater sa belliqueuse audace.
Mais la déesse à besoin d'un coursier.
Ne voyant point son alfane BERGIER (8),
Ou dédaignant ce *Pégase* vulgaire,
Elle eut d'abord le projet singulier
De transmuer CHAUMEIX en dromodaire :
Lorsqu'avisant FRERON son chancelier,
Qui

(8) On ne sait trop qui l'auteur a voulu désigner ici. Ce n'est assurément point le savant NICOLAAS BERGIER, auteur d'une *Histoire des grands chemins de l'Empire*, ouvrage très-estimé. Ce pourrait bien être un M. BERGIER, dont il est question dans la quarantième feuille de l'*Année littéraire* de 1763, pages 128 & 129, & dont M. FRERON cite avec complaisance un long discours plein d'antithèses, fait contre M. DE VOLTAIRE, apparemment pour la gloire des lettres. Si pourtant ce n'est pas cet académicien de province que l'auteur a voulu désigner, il faut croire qu'il n'est pas le seul de son nom dans l'espèce, & qu'il y a encore un M. BERGIER plus obscur.

CHANT TROISIEME.

Qui soupirait encor de son injure (9),
„ Viens, lui dit-elle, & sers-moi de
  monture."
Au même instant, le grave ALIBORON
Fut possesseur de deux superbes aîles.
Il les déploie; il admire le don
De la déesse, & croit que, sans façon,
Il va franchir les voûtes éternelles.
Il voit déja les vastes cieux ouverts ;
Quand un malheur, qu'il ne prévoyait
  guère,
Dérangea bien ce projet téméraire.
STUPIDITÉ, qui fait tout de travers,
Avait placé les aîles à l'envers :
Si que FRERON, loin de fendre les airs,
Etait porté, par un essor étrange,
Non vers le ciel, mais toujours vers la
  fange.
Plus l'animal s'obstinait à grimper,
Plus il luttait contre son caractère ;
Et plus son aîle, agile en sens con-
  traire,

———

(9) On a vu ci-devant qu'il avait été traité
comme THERSITE.

Dans le *bathos* (10) le forçait à ramper.

Mon cher lecteur, à ce tableau risible
Arrêtons nous. Contemplez un moment
Le gros FRERON dans sa marche pénible:
Suivez des yeux le reptile volant.
De son instinct, toujours prédominant,
Voyez agir la force irresistible.
La déité, lui serrant le bridon,
L'excite en vain à grands coups d'aiguillon;
Tout le pouvoir de la fière immortelle
Est épuisé sur l'animal rebelle:
Elle ne peut, qu'au bruit du fouet vengeur,
De son coursier hâter la pesanteur.
Un mot pourtant, dont se souvient la belle,
Du quadrupéde éveille un peu l'ardeur.
Ce mot puissant lui rend quelque vigueur:
Dès qu'il l'entend; sa marche est plus honnête:

WASP

(10) Il faut expliquer à M. FRE'RON que le *bathos* veut dire le *profond*.

CHANT TROISIEME.

WASP est le mot qui fait aller la bête.

STUPIDITÉ désigne à ses soldats
La docte enceinte où s'adressent leurs
 pas.
Déjà leurs yeux étincellent de joie ;
Et MARM... croyait saisir sa proie ;
Quand tout à coup de glapissantes voix,
Qui s'efforçaient de parler à la fois,
Font arrêter la stupide déesse.
A ce tumulte, on accourt, on s'em-
 presse ;
On veut savoir d'où naît ce mouvement.
Le bruit s'accroît de moment en mo-
 ment :
Las ! il partait du bataillon femelle !

SAGE MERLIN, faut-il que je révèle
Ce qui causait cette étrange rumeur ?
Dois-je trahir le secret d'une belle ?
Comment pourrai-je, ô prudent En-
 chanteur,
Conter un fait qui n'a pas de modele ?
Faut-il ici vous dire ingénument
Qu'une amazone, une docte pucelle

Fai-

Faisant alors... Quoi, Lecteur?...
 un roman?
Une ballade? un plan de comédie?
Une héroide, ou quelque tragédie?
Un madrigal? Non; c'était un enfant,
J'ai dit le mot. Or, c'est à vous, mes-
 dames,
D'après ce fait qu'il fallait publier,
A décider si le ciel fit les femmes
Pour guerroyer & pour versifier.
De ce grand jour l'événement sublime
Fit que l'auteur ne put être anonyme.
Recevez donc, douce RUBICONI,
Mon compliment sur cet enfant cheri;
On ne pourra vous nier celui-ci.

B... vole aux cris de la guerrière;
Rien ne l'arrête. A ce tendre interêt,
On voit assez qu'il était du secret.
Heureux enfant, égalez votre père!

STUPIDITÉ descendit de FRERON,
Mit pied à terre, & reçut le poupon.
La déité n'est rien moins que sévère;
Elle embrassa le gentil nourrisson,

Qui

CHANT TROISIEME

Qui, pour signal de sa gloire future,
Se met soudain à beugler comme un
    veau (11),
Miaule en chat, & croasse en corbeau.
Stupidité, pour confirmer l'augure,
Plonge l'enfant dans un marais voisin.
„ Deviens, dit elle, insensible aux
    blessures,
„ Invulnérable aux affronts, aux inju-
    res,
„ Comme les Wasps de *Quimpercoren-*
    tin (12).
„ Jouis en paix de ton noble destin,
„ Et défends-toi la plainte & les mur-
    mures."

Tel-

(11) Ceci est imité de Pope avec discrétion. Il dit que Martin Scribler, en venant au monde, beugla comme un veau, bêla comme une brebis, caquetta comme une pie, grogna comme un porc, hennit comme un cheval, croassa comme un corbeau, miaula comme un chat, imita le cri des oies qui sauvèrent le *Capitole*, se mit à braire comme un âne; &, le lendemain, on le trouva jouant dans son lit avec deux hiboux, &c.

(12) On sait que M. Wasp est de *Quimpercorentin.*

Telle autrefois l'immortelle THETIS
Dans l'onde noire avait plongé son fils,
Tel, aux regards de la sotte phalange,
Le nourrisson de la STUPIDITÉ
Fut, par trois fois, replongé dans la
    fange.;
Et son talon ne fut pas excepté.
Son goût naissant aussitôt se déclare :
Déjà dans l'air il pousse un cri bisarre :
D'après ce cri, dont retentit le lac,
Par la déesse, il fut nommé KAKOUAC (13).

O noble enfant, né dans ce jour de gu-
    erre,
De quels exploits tu vas remplir la terre !
La déité t'accorda l'heureux don
De plaire aux Sots, en choquant la Rai-
    son ;
De t'endurcir aux traits de la Satyre ;
De devenir plus profond que TRUBLET ;
D'être à jamais à l'abri du Sifflet,
                    Quand.

(13) C'est le nom qu'un homme de beaucoup d'esprit avait donné, dans une brochure
très-piquante, à de certains philosophes. Ce
mot est dérivé du *Grec*.

CHANT TROISIEME.

Quand tu ferais, ou *Califte*, ou *Zelmire*;
De raconter du ftyle original
Et de Duc... (14), & de l'Abbé RAYNAL;
D'être à la fois, & SEDAINE & le MIERE,
Et MARM... & DORAT, & ROCHON;
D'analyfer auffi bien que FRERON;
De déployer, dans un hebdomadaire,
Et la baffeffe & l'orgueil d'un corfaire;
De plaifanter, fans craindre les arrêts,
Mieux que CHAUMEIX, & que l'abbé
    MORLAIX;
De colorer la noire Calomnie;
Et d'outrager avec impunité
Tous les Talens, tous les dons du Génie;
De déchaîner contre la Vérité
Le Fanatifme & la Haine & l'envie;
D'être, en un mot, plus craint, plus
    redouté,
Plus aguerri dans cet art détefté,
Que ce ramas de moderne ZOÏLES,
De la Raifon délateurs imbécilles.
Il eut le don de trouver tout mauvais,

Hors

(14) Allufion au ftyle de l'hiftoire de Louis XI. Celui de l'abbé RAYNAL ne vaut pas mieux.

LA DUNCIADE,

Hors les écrits que lui-même aurait faits ;
Il eut enfin tout l'esprit de sa mère,
Et les talens de B... son pére.
Ainsi naquit cet *Antechrist* du Goût.
Puissent ces vers le démasquer par-tout!

O souverains, qui chérissez la gloire,
Méfiez vous de ce nouveau *Python* ;
C'est l'ennemi des *Filles de Mémoire*
Qu'il soit percé des flèches d'*Apollon*.
Il a des Arts conjuré la ruine :
Tout est perdu, si jamais il domine.

STUPIDITÉ remet le nourrisson
Entre les mains de l'illustre guerrière.
Puis, reprenant son audace première,
Elle remonte aussitôt sur FRÉRON,
Qui se battait alors pour un chardon,
Avec JONVAL, CHAUMEIX & LA MOR-
LIERE.
ALIBORON, cette fois, fut vainqueur :
Il s'étonnait d'avoir eu du courage :
Il en conçoit un fortuné présage,
Et dans son vol il montre plus d'ardeur.

CHANT TROISIEME.

Chemin faisant, la superbe déesse
Croyait déjà commander au *Permesse*,
Et souriait à ce projet trompeur.
Mais vous savez que la Mythologie
Ne permet pas qu'un dieu du premier
　　rang
D'un autre dieu subisse l'ascendant.
Par cette loi, sagement établie,
L'*Olympe* en paix maintient son harmo-
　　nie.
Nul dieu majeur (15) ne craint de con-
　　current.
Or, l'immortel qui préside au *Parnasse*
Est réputé de la première classe.
Sottise donc se méprit lourdement,
Quand elle crut, avec tant d'assurance,
Du dieu du jour tromper la vigilance.
Déja ce dieu méditait sa vengeance :
Il observait, sur *Pégase* monté,
Le bataillon qui marchait en silence.
Il fut d'abord un peu déconcerté,
Quand il eut vu leur nombreuse affluen-
　　ce.　　　　　　　　　　　　Sur

(15) M. Fréron saura, sans doute, qu'il y avait douze grands dieux, appellés *Dii majores*.

Sur cette foule il n'avait pas compté,
Et tant de Sots passaient son espérance.

STUPIDITE l'apperçut dans les cieux.
A son aspect, FRERON & la guerrière
Voudraient déjà retourner en arrière :
Mais, à l'envi, se rassurant tous deux,
Elle s'élance, & lui dit : ,, Téméraire,
,, Ne crains-tu pas d'irriter ma colère ?
,, Sœur du *Cabos*, je régnais avant toi;
,, Je commandais à la nature entière,
,, Quand sur le *Pinde* on ignorait ta loi.
,, Long-temps la *Nuit* précéda la *Lu-*
    mière,
,, Et le Destin te fit naître après moi:
,, Fuis ton aînée, & crains de me dé-
    plaire."

ELLE parlait ; *Apollon*, né railleur,
Lui répondit par un regard moqueur,
Accompagné d'un sourire ironique.
Ce froid mépris, ce silence énergique.
Fit son effet, & la déesse eut peur.
Pour s'en tirer, ne sçachant comment
    faire,

D'un

CHANT TROISIÈME.

D'un ton plus doux elle lui dit : " Mon frère,
" Entendons nous, oublions nos débats,
" Faisons règner la paix dans nos états.
" Pour le repos, pour le bien de la terre,
" Unissons-nous par un accord nouveau
" *Ah! plut au ciel*, comme a dit CO-LARDEAU,
" *Ah! plut au ciel que, dans l'âge où nous sommes* (16),
" *L'Aménité rapprochât tous les hommes!*"

À ces propos, messir ALIBORON,
Pensant déjà que la paix était sûre,
Voulut traiter de monture à monture,
Et s'allier au coursier d'APOLLON.
En sa présence, il gambade, il s'exerce,
Et jusqu'à lui portant son vol inverse,
Il veut agir de pair à compagnon :
Mais le coursier, blessé d'un tel commerce,
                                           Et

---

(16) Vers de l'*Epitre à Minette* par M. CO-LARDEAU, à laquelle M. LE BRUN a répondu d'une manière piquante par son *Anti-Minette*.

Et dédaignant l'ex-jésuite étalon,
Tournant le dos, d'une fière ruade,
Du lourd grison repoussa l'accolade.

CHERCHEZ, Lecteur, dans PLINE ou
  dans BUFFON,
Ce qu'ils ont dit à l'article FRERON :
Vous y verrez que l'animal est traître.
C'est ce qu'alors mon vilain fit paraître.
Plein de dépit, mais le dissimulant,
ALIBORON toujours caracolant,
Tourne PEGASE ; &, bouillant de co-
  lère,
Vint lâchement le mordre par derrière.
Toute l'armée applaudit à grands cris ;
De son audace APOLLON fut surpris :
Pour un moment il le crut redoutable ;
Car il pouvait entraîner par son poids
PHEBUS, PEGAS, & l'*Olympe* à la fois.
Le bataillon, d'ailleurs, est formidable ;
Vers le *Parnasse* il avançait toujours.
APOLLON voit qu'il faut être implacable.

MUSE, dis-moi qui vint à son secours,
A quel prodige il eut enfin recours ;

Ré-

CHANT TROISIEME.

Révele-moi ce combat mémorable,
Et de FRERON la chûte épouvantable.

MON cher Lecteur, vous saurez qu'
 APOLLON
N'est pas réduit seulement à sa Lyre :
Il a de plus une arme qui déchire,
Arme fatale à plus d'un avorton
Qui croit régner dans le sacré vallon.
C'est un gardien qui veille à son empire.
Ce n'est pourtant que le Sifflet du Goût;
Mais ce Sifflet l'accompagne par-tout.
Lorsqu'un rimeur, en proie à son délire,
Prend son accès pour le talent d'écrire,
Tout aussitôt PHEBUS en est instruit
Par son Sifflet, & mon Sot éconduit.
Pour MARM..., il siffla de lui même,
Quand sur le *Pinde* on entendit sa voix.
Il redoubla, quand son orgueil extrême
Voulut donner de poëtiques loix.
Il est doué de ce pouvoir suprême :
Tels ces trépieds, chefs d'œuvre de
 Vulcain (17),

Mar-

(17) Voyez l'*Iliade*.

Marchaient sans guide au Conseil du Destin.

Apollon siffle ; & le bruit énergique,
Qui retentit du Sifflet satyrique,
Par les échos est au loin répété.
Jamais Astolphe, avec son cor magique (18),
Ne fit d'effet si prompt, si redouté;
Déjà tout cède à l'instrument critique.

O grand pouvoir du terrible Sifflet !
Vous verriez fuir & Raynal & Trublet.
Renout (19), Rochon & Bastide & Sedaine.
Marm.. croit qu'on siffle *Aristomène*;
Il se souvient du malheur d'*Egyptus*(20);
Et Dub... se rappelle *Titus* (21).

Dorat rougit, pensant à *Théagène* (22)·
Et

---

(18) Voyez l'*Arioste*.
(19) Auteur de quelques comédies.
(20) Pièce sifflée de M. Marmontel.
(21) Pièce sifflée de M. Dub....
(22) Pièce sifflée de M. Dorat.

CHANT TROISIEME.

Et ***, trop preffé de courir,
Eft renverfé fous l'auteur de *Namir* (23).
LE MIERE entend la troupe conjurée
Des fifflemens qui pourfuivaient *Térée* (24).
BACULARD refte immobile d'effroi.
Au bruit vengeur BOITEL en vain réfifte (*);
Il faut qu'il cède à la commune loi.
Et COLARDEAU croit enterrer *Califte* (25)
DAC... lui-même eft contraint de céder.
Nul n'obéit, nul ne veut commander.
Sur DIDEROT ** fe précipite;
Le bruit perçant les atteint dans leur fuite.
L'abbé LE BLANC fe retire à grands pas,
En maudiffant le démon des combats.

La

(23) Pièce fifflée.
(24) Pièce fifflée de M. LE MIERE.
(*) Auteur d'une *Cléopatre* oubliée, qui valoit pourtant mieux que celle de M. MARMONTEL; mais fa dernière tragédie d'*Irène* eft de la plus grande médiocrité.
(25) Piéce fifflée de M. COLARDEAU, dans laquelle il y avait une décoration de deuil au cinquième acte.

La peur se met au quartier des femelles!
L'abbé Coyer, leur disant des fadeurs,
En ce moment redoublait leurs vapeurs;
Il est réduit à s'enfuir avec elles.
Et cependant l'apôtre des ruelles,
Tout en fuyant, s'égayait sur les mœurs (26).
Robe lui même est sensible à la honte!
Où courez-vous, innocent Charpentier (27),
Durosoy, Blin, & vous lourd Sabatier?
Quoi! sans combattre, un sifflet vous surmonte!

Les chefs partis, on vit fuir les soldats.
Mouhy, Chaumeix, Jonval, & la Morliere,
L'Abbé Morlaix qui n'en conviendra pas,

Et

───────────

(26) Allusion aux *Bagatelles morales* de M. l'abbé Coyer.
(27) Sot très-obscur, & difficile à faire connaitre. Il fit un libelle contre l'auteur, dans le tems des *Philosophes*.

Et Latt... (28) roulent sur la poussière.
Alors tomba le petit POINSINET;
Il fut dissous par un coup de Sifflet.
Telle, au matin, une vapeur légére
S'évanouit aux premiers feux du jour;
Tel POINSINET disparaît sans retour (29).

Au même instant, la stupide immor-
 telle
Sentit FRERON se dérober sous elle.
Il est contraint de céder à la fois,
A son instinct, à sa honte, à son poids.
Il obéit à la loi qui le guide.
En descendant, son vol est plus rapide;
Il s'abyma dans le marais profond
Où fut plongé le fils d'amazone;
Jamais depuis on ne vit sa personne.
Sa pesanteur l'entraîna jusqu'au fond.
STUPIDITÉ, des siens abandonnée;
Et cependant PHEBUS victorieux,

Prend

(28) Chansonnier, qui a donné quatre gros volumes de chansons, dans lesquelles il y en a cinq ou six de jolies.
(29) Allusion au don qu'avait M. POINSI-NET de se rendre invisible.

Prend congè d'elle, & plane au haut des cieux.

MESSIEURS LES SOTS, nous voilà quitte à quitte :
Chacun de nous a le lot qu'il mérite.
Dans vos écrits vous m'avez outragé :
J'en suis content; ma gloire est votre ouvrage.
Par son Sifflet APOLLON m'a vengé,
Et les regrets seront votre partage.
Je goute enfin le repos du vrai Sage.
Pour le troubler vos cris sont impuissans
Vivons en paix désormais, j'y consens;
Mais respectez mon tranquille hermitage;
Où je reviens, terrible à l'abordage.
N'espérez pas éviter mon coup d'œil,
Messieurs les Sots, je vous vois d'*Argentueil*.

www.ingramcontent.com/pod-product-compliance
Lightning Source LLC
Chambersburg PA
CBHW070245100426
42743CB00011B/2142